DECLARATION

DV ROY, CONTRE

ses Subjets de la Religion pretenduë reformée, qui demeureront engagez dans la Rebellion, & portans les armes ou tenans les Villes & Places contre le seruice de sa Majesté.

Verifiée en Parlement le quinziéme iour de Ianuier 1629.

A PARIS,

Par A. ESTIENE, P. METTAYER & C. PREVOST, Imprimeurs ordinaires du Roy.

M. DC. XXIX.

Auec Priuilege de sa Maiesté.

(1A)

LOVIS par la gra-
ce de Dieu Roy
de France & de
Nauarre, A tous ceux qui
ces presentes Lettres ver-
ront, Salut. Nous auons
par plusieurs Declarations
precedentes , exhorté nos
Subjets de la Religion pretenduë reformée , à se dé-
partir des factions & rebel-
liõs ausquelles ils s'estoient
engagez contre nostre seruice, leur promettant tout

A ij

ce qu'ils pourroient atten-
dre de noſtre bonté, au cas
que dans le temps à eux
preſcrit, ils ſe remiſſent en
leur deuoir, & en fiſſent les
declarations neceſſaires par
deuant nos Iuges. A quoy
pluſieurs ayans ſatisfait, ils
ont éprouué noſtre bien-
veillance, veſcu en paix &
liberté en la jouïſſance de
leurs biens, & exercice de
la Religion pretenduë re-
formée. Pluſieurs villes &
particuliers auſſi emportez
par les menées des eſprits
ſeditieux & factieux, ſont

demeurez encore dans la meſme rebellion, en laquelle l'engagement qu'ils auoient auec les habitans de la Rochelle, les auoit precipitez. C'eſt pourquoy à preſent qu'il a pleu à Dieu reduire ladite ville en noſtre obeïſſance, & leur oſter ce pretexte, nous voulons eſperer que plus facilement ils ſe remettront en leur deuoir, en les y exhortant de nouueau, & les deliurant de la crainte qui les peut retenir d'eſtre ſujets aux peines portées par nos prece-

dentes Declarations, pour
n'eſtre reuenus dans les ter-
mes portez par icelles. Et
ne voulans rien obmettre,
pour leur faire cognoiſtre
l'amour paternel que nous
leur portons, les rappeller
à nous, & leur procurer la
paix & la tranquillité dont
nous deſirons faire ioüyr
tous nos Subjets ; nous a-
uons bien voulu leur don-
ner encore le moyen de ſe
recognoiſtre, & les y exci-
ter par la conſideration de
leur propre bien & conſer-
uation, plus grāde ou moin-

ndre en chacun d'eux selon
que plus ou moins volon-
tairement ils reuiendront
en nostre obeyssance. Ce
que nous voulons d'autant
plus esperer, qu'à present,
que par la reduction de no-
stredite ville de la Rochelle en nostre obeyssance, ils
ont cogneu manifestement
la singuliere bonté dont
nous auons vsé enuers les
habitans d'icelle, lesquels
nous auons receus à se ren-
dre à nous auec l'asseuran-
ce que nous leur auons dō-
née de leurs vies, biens &

exercices de la Religion pretenduë reformée : & dont ils reçoiuent vne si religieuse execution, que toutes leurs craintes ont esté conuerties en consolation: & ont éprouué que les apprehensions que leur donnoient les factieux & boutefeux de la rebellió, estoiét des artifices sans sujet, pour les empescher de chercher en nostre obeyssance, le vray repos & la liberté dont ils jouyssent à present. A CES CAVSES, Sçauoir faisons, qu'ayant mis cét

affaire

affaire en deliberation en noſtre Conſeil, de l'Aduis d'iceluy, & de nos certaine ſcience , pleine puiſſance, grace ſpeciale & authorité Royale , nous auons enjoint, & par ces preſentes ſignées de noſtre main, nous enjoignons à tous nos Subjets de la Religion pretenduë reformée, de quelque qualité & condition qu'ils ſoient , qui de preſent ſe trouueront engagez dans la rebellion, & portans les armes, ou tenans nos Villes & Places contre noſtre ſeruice & l'obeïſſance qu'ils nous doiuent, & adherent à ceux qui les tiennent & occupent, & qui en quelque maniere que ce ſoit, ſe trouuent en icelles ; qu'ils ayent à poſer les armes, ſe remettre en leur deuoir, & en faire & paſſer les Declarations en bonne forme, pardeuant nos Cours de Parlemens ou ſieges Preſidiaux eſtans en noſtre obeyſſance plus prochains de leur demeure, dans quinze iours apres la publication de ces Preſentes. Et pour le regard des Villes, qu'ils ayent à deputer vers nous pour receuoir noſtre grace & volonté en ſuitte de leurs ſubmiſſions. En quoy faiſant nous les receurons en noſtre grace, & les maintiendrons en la joüyſſance de tous & chacuns leurs biens, liberté de ladite Religion pretenduë reformée, & les tiendrons comme nos bons Subjets, pour participer à nos faueurs & bien-faits, ainſi que les autres qui ſont demeurez dans la fidelité qu'ils nous doiuent. Ce que nous promettons en foy & parole de Roy, de faire garder, obseruer & entretenir inuiolablement. Et au cas que continuans dans l'opiniastreté de leur rebellion, ils m'éprisent la grace que nous leur presentons, & ne satisfaçent au contenu en ces presentes dans ledit temps, nous les auons dés à present declarez & declarons auoir encouru les peines portées par nos precedentes Declarations, & criminels de leze Majesté au

premier chef, & indignes
de toute grace & miseri-
corde. Voulans en ce cas &
ledit temps passé, qu'il soit
procedé contre leurs per-
sonnes, biens, maisons, he-
ritages & autres choses à
eux appartenans, selon la
rigeur de nos ordonnances.
SI DONNONS en man-
demét à nos amez & feaux
Conseillers, les gens tenans
nos Cours de Parlemens &
Chambres de l'Edict, que
ces Presentes ils ayét à faire
lire, publier & enregistrer,
& le contenu en icelles gar-

der & obferuer de poinct
en poinct felon leur forme
& teneur. Car tel eft noftre
plaifir. En témoin dequoy
nous auons fait mettre noftre feel à cefdites prefentes.
Donné à Paris le 15. iour de
Decébre l'an de grace 1628.
& de noftre regne le dix-
huictiéme, Signé, LOVIS,
& fur le reply, Par le Roy,
DE LOMENIE, &
feellé du grand feau de cire
iaune fur double queuë, &
à cofté eft écrit :

Leuës publiées & regiftrées, oüy &
ce requerant le Procureur General du

Roy, & coppies collationnées aux origi-
naux des presentes, enuoyées aux Baillia-
ges & Seneschaussées de ce ressort, pour y
estre pareillement leuës, publiées, registrées,
gardées & obseruées selon leur forme &
teneur. A Paris en Parlement, le Roy y
seant, le quinziéme iour de Ianuier mil
six cents vingt-neuf.

Signé,   DV TILLET.